Vorspiel

Dieses Heft führt die "Jazzkanons" fort. Wieder mischen sich kontrapunktische
ten Scheinkanons, die eher als überlagerte Stimmen eines Arrangements zu ver
(z. B. Baß, Melodie, Überstimme).
Im Jazzidiom sind die kanonischen Möglichkeiten begrenzt. Da wir Komponisten aber viel Freude an der Herstellung dieser Stücke haben, wollten wir uns diesmal stilistisch auf noch breiterer Basis bewegen.
So ist ein Sing-, Spiel- und Werkstattheft daraus geworden. Es soll neben der Ausführung der Kanons in den vorliegenden Fassungen auch zur Improvisation, zum Einsatz von Instrumenten, zum Arrangieren und zur eigenen Gestaltung von Texten anregen. Eine direkte Verbindung zu den JAZZKANONS besteht darin, daß das hier veröffentlichte Lied "De ander chleine Ma" mit "Es git a chleine Ma" in den Jazzkanons zusammen als Quodlibet gesungen werden kann.
Im Grunde gilt das Vorwort der Jazzkanons auch für das vorliegende Heft.

SWING UND LATIN ist als große Bandbreite mit verschiedenen Zwischenformen zwischen ternärer Ausführung (Swing, Blues) und binärer Ausführung (Funk, Latin) zu verstehen. Erstere sind in der ersten Hälfte, letztere in der zweiten Hälfte zu finden. Stücke, die stilistisch "dazwischen" stehen, sind eher in der Mitte eingeordnet.
Zu jeder Stilistik finden sich einfachere und komplexer strukturierte Stücke. Bei Textverteilung und Silbentrennung wurden individuelle Lösungen der Komponisten belassen.
Folgende Stücke erfordern eine unterstützende Instrumentalbegleitung:

De ander chleine Ma, Ich liebe Dich fürchterlich, Laura, Some note Samba, Sweet Bossa Nova.

Alle anderen Stücke können auch rein a cappella ausgeführt werden.

Da die Stücke für Schule, Musikschule und Freizeit gedacht sind, ergibt sich eine Fülle von Einrichtungs- und Arrangiermöglichkeiten.

Dazu viel Mut und fürs Musizieren viel Freude wünschen

Joachim Fischer
Uli Führe
Werner Rizzi

Im Frühjahr 1992

P.S.: Im Frühjahr 1993 erschienen MC (Fidula-Cassette 47) und Fidula-CD 4447 mit diesen Kanons.

Inhalt

Zweite, verbesserte Auflage 1994

ISBN 3-87226-342-0

Umschlaggestaltung: Johannes Holzmeister
Notengrafik: Eric Babak, Oberkirch

The Big Band

1

Text: Ute Kühlmann
Musik: Joachim Fischer

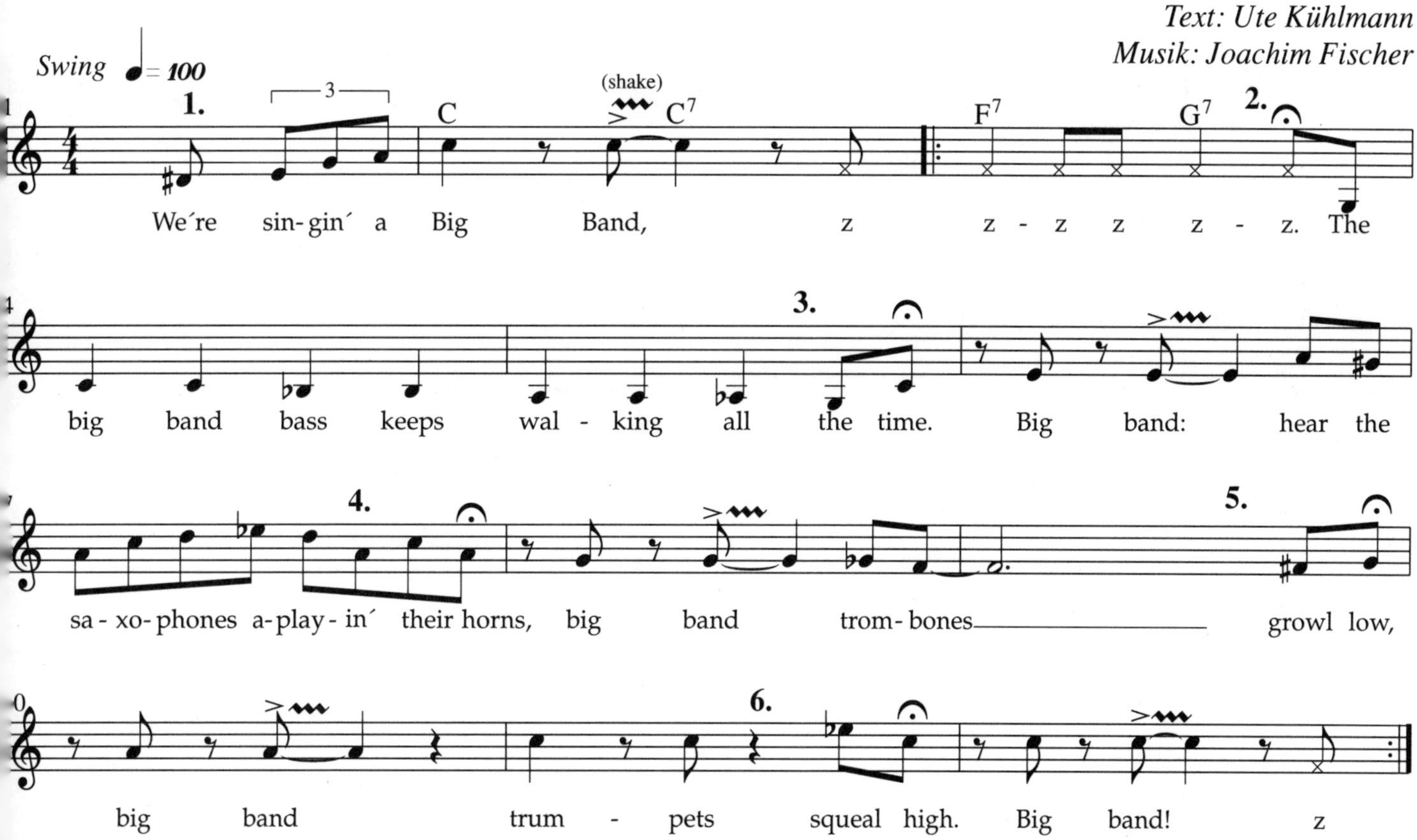

Der Kanon ist 3-6stimmig singbar.

Schluß (direkt anschließen!):

2

Wie geht´s, wie steht´s?

Text & Musik: Uli Führe

Kuschelblues

Text & Musik: Werner Rizzi

Wird der Kanon ausschließlich mit Männerstimmen ausgeführt, sollte die dritte Zeile eine Oktave nach oben transponiert werden (also mit d' klingend beginnen).
Um das "Mulmen" der engliegenden Männerstimmen in der tiefen Lage am Schluß zu vermeiden bietet sich folgende Alternative an:
Kanonzeile 1 endet in Φ^4
Kanonzeile 2 endet in Φ^3
Kanonzeile 3 endet in Φ^2
Kanonzeile 4 endet in Φ^1
Φ^1, Φ^2 u. Φ^3 sind dann klingend wie notiert zu singen. Eine reizvolle Möglichkeit bietet auch folgende Lösung: Jede Stimme singt ein und dieselbe Textzeile viermal (auf rhythmisch-organische Textverteilung achten!), sodaß jede Melodiezeile mit jeder Textzeile erklingt. Finde möglicherweise auch einen deutschen Text, der überzeugt und die Stimmung der Musik trifft! Könnte er beginnen mit:"Du und ich und ich und du...?" Wenn nicht, welche bessere Lösung weißt Du?

* "John of Dreams" ist der Schlaf, der uns umfängt.

4 Auf dem Mars gibt´s kein TV (Te Vau)

Swing ♩ = 138

Text & Musik: Uli Führe

Wer ich bin

Text & Musik: Werner Rizzi

* Kopplung mit F möglich, wenn keine tiefen Stimmen zur Verfügung stehen auch f '.

Die Scatsilben dieses Stückes sind aufeinander abgestimmt. Sie sollten nicht willkürlich verändert werden. Wer aber aus der Improvisation heraus andere gut klingende Verbindungen findet, soll diese verwenden. Zusätzlich steht eine fragmentarische Textskizze unter den Noten, die zur Ergänzung oder zum Dichten eines vollständig eigenen Textes anregen soll. Der Übersichtlichkeit wegen wurde die Notenverteilung in Verbindung mit den Scat-Silben gelassen. Hat ein neuer Text mehr Silben als Noten, muß er aus dem improvisierten Singen heraus auf die zur Verfügung stehenden Takte verteilt werden. Eigener Text und Scatsilben können auch kombiniert werden.

6

Blasmusik

Swing ♩= 92 ~ 100

Text & Musik: Werner Rizzi

Dieser Kanon kann sowohl auf Silben als auch als Imitation von Blechblasinstrumenten gesungen oder instrumental gespielt werden. Zum Singen eignet dabei das sogenannte "Blase-W", bei dem die Stimme tönt, die Lippen jedoch in der Mitte geschlossen bleiben, Atemstrom u. Ton entweichen links und rechts davon. Als Hilfe kann ein Finger(psst!) auf die Mitte der Lippen gelegt werden. Das "d" in den Takten 11 und 13 kann auf "2 und" vorgezogen werden. Enden kann das Stück in der angegebenen Schlußwendung oder auf der Fermate im Rhythmus ♩. ♪ auf "duh-dap!"
Wird das Stück ausschließlich von Männern gesungen, gilt folgender Schluß:

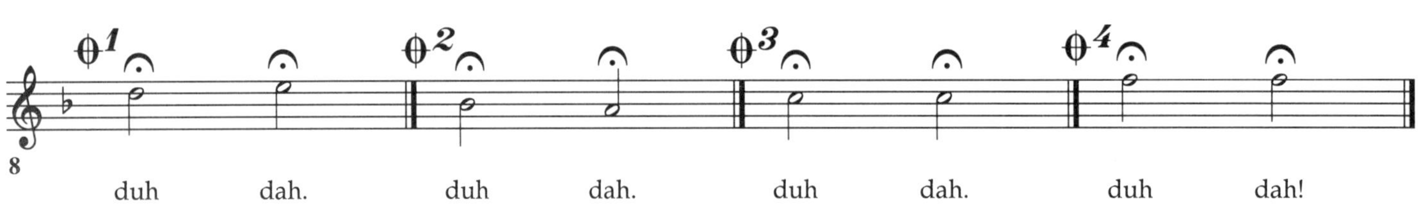

Eine ostinate Schlagzeugimitation kann dazukommen, z.B.:

Variationen, speziell zum Ende eines Viertakters sind immer möglich.

Laura

7

Ballad ♩= 70

Text & Musik: Joachim Fischer

(Auch in Bb-Dur)

Nach Möglichkeit sollte zumindest ein Kontrabaß mitspielen.
Variante in der Vierstimmigkeit: Eine Stimme singt auf Text, die anderen drei (quasi als Begleitung) summen oder singen auf Tonsilbe oder auf Instrumentallaut etc...

8 Music Hall

Swing ♩ = 96 ~ 108

Text & Musik: Werner Rizzi

Schlußakkord auch improvisiert E^7, $E^{7/9}$, $E^{7/13}$, $E^{6/9}$ mit Vibrato oder leichtem Tremolo in den Oberstimmen.

* Geübte singen "f"

** Möglichkeit zur Stimmkreuzung

Improvisationsmodell für Solo

Vorzeichen, die beim Kanon in Klammern stehen sind Alternativen. Wird der Background-kanon ausschließlich von Männerstimmen ausgeführt, wird die Unterstimme (ab Takt 13) um eine Oktave nach oben transponiert. Die Baßstimme kann ad libitum gespielt oder von Männerstimmen gesungen werden, wenn der Kanon in der notierten Lage erklingt. Das Solo kann vokal oder instrumental ausgeführt werden.
Finde selbst Silben für eine vokale Improvisation.

9

De Ander Chleine Ma

Text & Musik: Joachim Fischer

Der Kanon kann für sich allein (dann möglichst mit Begleitung), aber auch als Quodlibet mit "Es git e chleine Ma" aus JAZZKANONS gesungen werden.

Sinkung

10

Swing ♩= 176

Text & Musik: Uli Führe

Sinkung ist ein Modulationskanon, der pro Strophe einen Ton nach unten moduliert. Geübte Stimmen beginnen in E-Dur.
Man kann im Anschluß den **Skuden Duwa** singen, um wieder zur Ausgangstonart zurückzugelangen.

11

Skuden Duwa

Swing ♩ = 197

Text & Musik: Uli Führe

Dieser Modulationskanon führt bei jedem Durchgang die Stimmen immer einen Ton nach oben. Damit man genügend Tonraum zur Verfügung hat, sollte man den Kanon möglichst tief beginnen, z.B. in As-Dur. Man kann im Anschluß Sinkung singen, um wieder zur Ausgangstonart zurückzugelangen.

De Guschtav

12

Text & Musik: Joachim Fischer

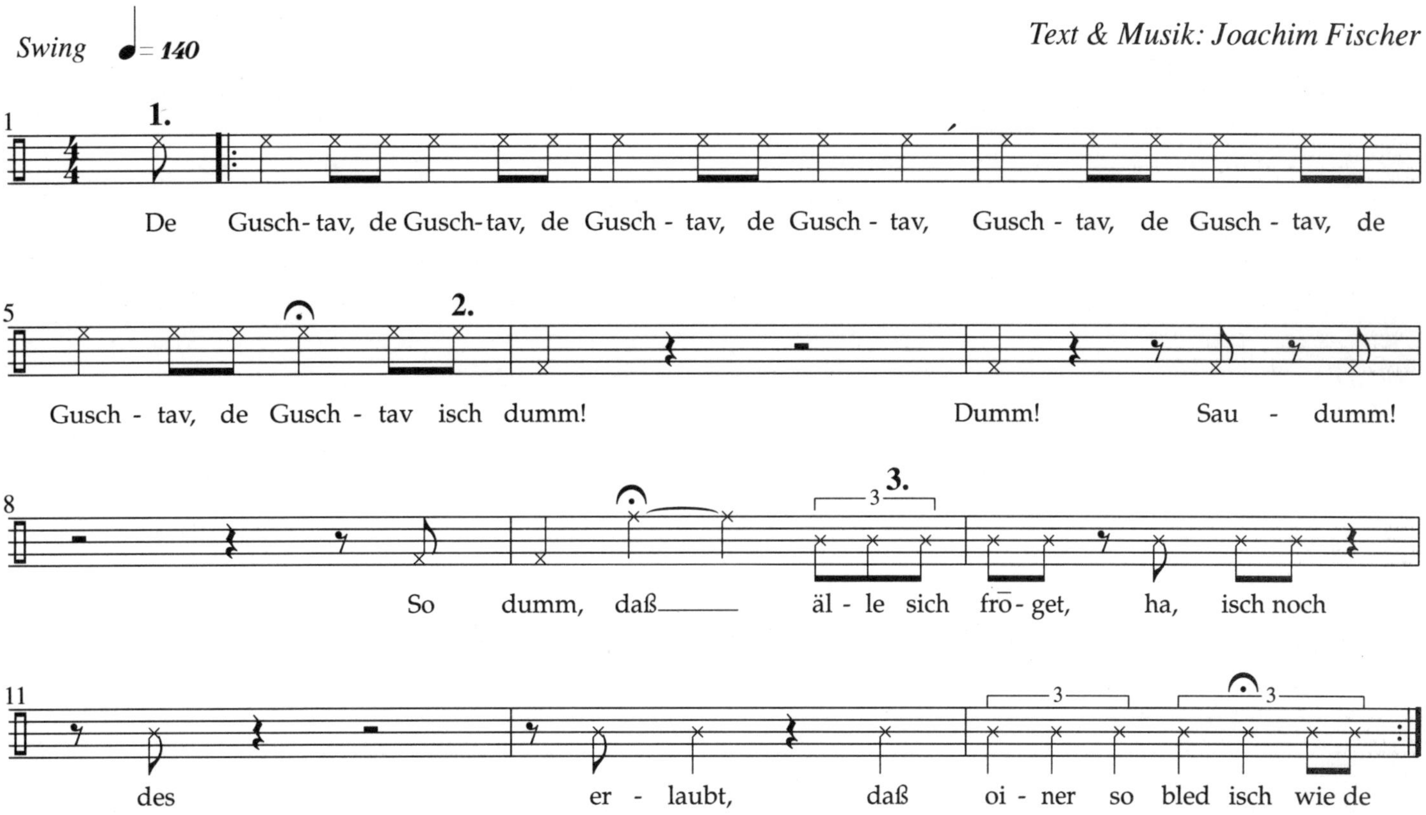

Rhythmus-Kanon auf schwäbisch! Verschiedene Klangfarben in den 3 Teilen verwenden (z.B.: 1.Hi-Hat, 2.Bass-Drum mit Beckenschlag am Schluß, 3.Toms). Als Schluß vielleicht ein einzelner Schwabe: *"Ha noi, alles was recht isch...!"* oder so etwas?

13

Baustellenkanon

Text & Musik: Werner Rizzi

* bei 2 und 3 stimmiger Ausführung "d" statt "e"

Der Baustellenkanon kann als Liedkanon auf Tonsilben oder selbstgedichteten Text gesungen werden. Abfolge: Zeile 1, 2, 3, 4. Es besteht auch die Möglichkeit die Zeilen 1, 2, 3, 4 jeweils als ostinato aufzufassen (Scheinkanon) und additiv nacheinander aufbauend zu singen oder zu spielen. Beide Möglichkeiten können auch im Krebs erscheinen.
Zeile 4 beginnt dann z.B.:

usw.

Bei Krebsfassungen kann der Schlußakkord auf Zählzeit "eins" in a oder Zählzeit "drei" in d liegen. Die Takte lassen sich auch neu kombinieren. Anstatt immer nur in einer Zeile zu bleiben, kann die Reihenfolge der Takte geändert werden, z.B.:

	a1	b2	c1	d2	
	a2	b1	c2	d1	*usw.*
oder	a1	b2	c3	d4	
	a4	b3	c2	d1	*usw.*

Hier gibt es unzählige Möglichkeiten, das "Vom Blattspiel" zu üben...
Die Reihenfolge abcd oder der Krebs dcba muß jeweils erhalten bleiben. Ausgeschnitten auf Karten oder im Großformat für eine Wandzeitung lassen sich Kombinationen kreativ selbst erstellen.
Welche Möglichkeiten bieten sich noch an?

Massivbaukanon

♩= 63 ~ 100

Text & Musik: Werner Rizzi

Bemerkungen siehe Baustellenkanon. Außerdem: Wenn die Reihenfolge 1,2,3,4 bzw. die vertikalen Akkorde erhalten bleiben, lassen sich Takte vertauschen? Welche Vorzeichen könnte man weglassen? Frohes Ausprobieren und Suchen!

E-Lah

Text & Musik: Joachim Fischer

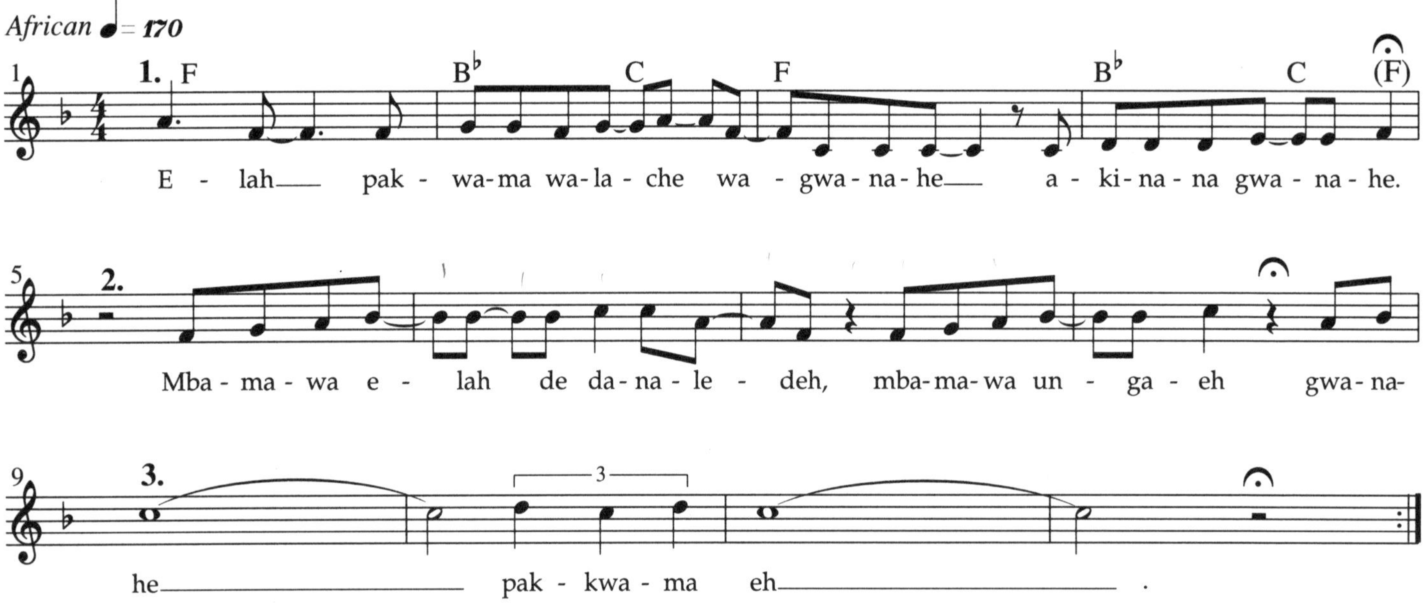

Aussprache: wa=ua

Baß-Ostinato ad lib.

"He, Leute, laßt uns tanzen heut´ nacht, laßt uns tanzen, bis wir umfallen! Kommt her, Leute, und hört mir zu, kommt her und hört die Trommeln. Laßt uns tanzen heut´ nacht!"

The Jungle Rock ´n´ Roll

16

Rock´n´Roll ♩= 130

Text & Musik: Joachim Fischer

* für den Schluß: den Ton ´e´ kurz und auf die Silbe "him" singen.

17 Und ganz weit fort

Text & Musik: Uli Führe

Movie Star

18

Funk ♩= 100

Text & Musik: Joachim Fischer

Beim ersten (einstimmigen) Durchgang mit verteilten Rollen singen (eingeklammerter Text von einer anderen Gruppe). Beim Singen im Kanon kann dann auch durchgängiger Text gesungen werden.

* dieses "that´s understood" beim allerletzten Mal 2 Viertel später singen.

Baß-Ostinato ad lib.

19

Raptime

Text & Musik: Werner Rizzi

* die zweite Stimme läßt den Text "Dem Bus, dem renne ich leider hinterher" aus und übernimmt die erste Stimme mit "ich seh´ es schon…"

Baß a und b werden im Wechsel gespielt/gesungen, b auf jeden Fall bevor zur Strophe gewechselt wird.

Ostinato zur Strophe ad lib.

Rap ist eine verbal bestimmte Musikform. Daher soll die eine vorgegebene Strophe lediglich zum Weitererzählen anregen! Die Perioden der Strophe können dazu je nach Text erweitert werden. Eine rein vokale Fassung sollte mit hörbaren Stapfschritten auf die Zählzeiten 1 und 3 und sattem Klatschen auf 2 und 4 begleitet werden. Das "o" im Bass wird offen und leicht nasal gesungen. Die "z"-Laute, die die Hihat des Schlagzeugs imitieren, können bei Instrumentalspiel weggelassen, bzw. als sogenannte "dead notes" gespielt werden (z.B.: auf dem E-Baß nur mit Schlaggeräusch - ohne genau definierbaren Ton -> Popping und Slapping). Die Strophe kann zur Abwechslung in ungefähren oder auch genauen Intervallen colla parte von zwei oder mehreren gesprochen werden. Der Kanon eignet sich eher für solistische Ausführung. 2b) ist auch mit zwei unterschiedlichen Texten möglich. Geübte können sich an 2a) versuchen. Da nur im Abstand einer Viertelnote imitiert wird, ergibt sich eine Echowirkung (Delay). Sprechende und Singende können sich aufteilen, wenn Tonfindung und schneller Wechsel zum Refrain zu schwer sein sollten. Das Tempo soll eher schnell sein, muß sich aber nach der Artikulationsfähigkeit der Ausführenden richten.

This Calypso

Text & Musik: Uli Führe

♩= 152

Alpen-Rumba

21

Text & Musik: Uli Führe

22

Ca(t)lypso

Text: Ute Kühlmann
Musik: Joachim Fischer

Ich liebe dich fürchterlich

23

Latin ♩ = 144

Text & Musik: Uli Führe

24

Dongi dongi

Latin ♩= 132

Text & Musik: Uli Führe

Some Note Samba

Latin/Bossa 𝅗𝅥 = 72 ~ 92

Text & Musik: Werner Rizzi

Zu diesem Stück ist eine harmonische Begleitung mit mindestens einem Instrument erforderlich.

26 Sweet Bossa Nova

Latin 𝅗𝅥 = 90

Text: Ute Kühlmann
Musik: Joachim Fischer

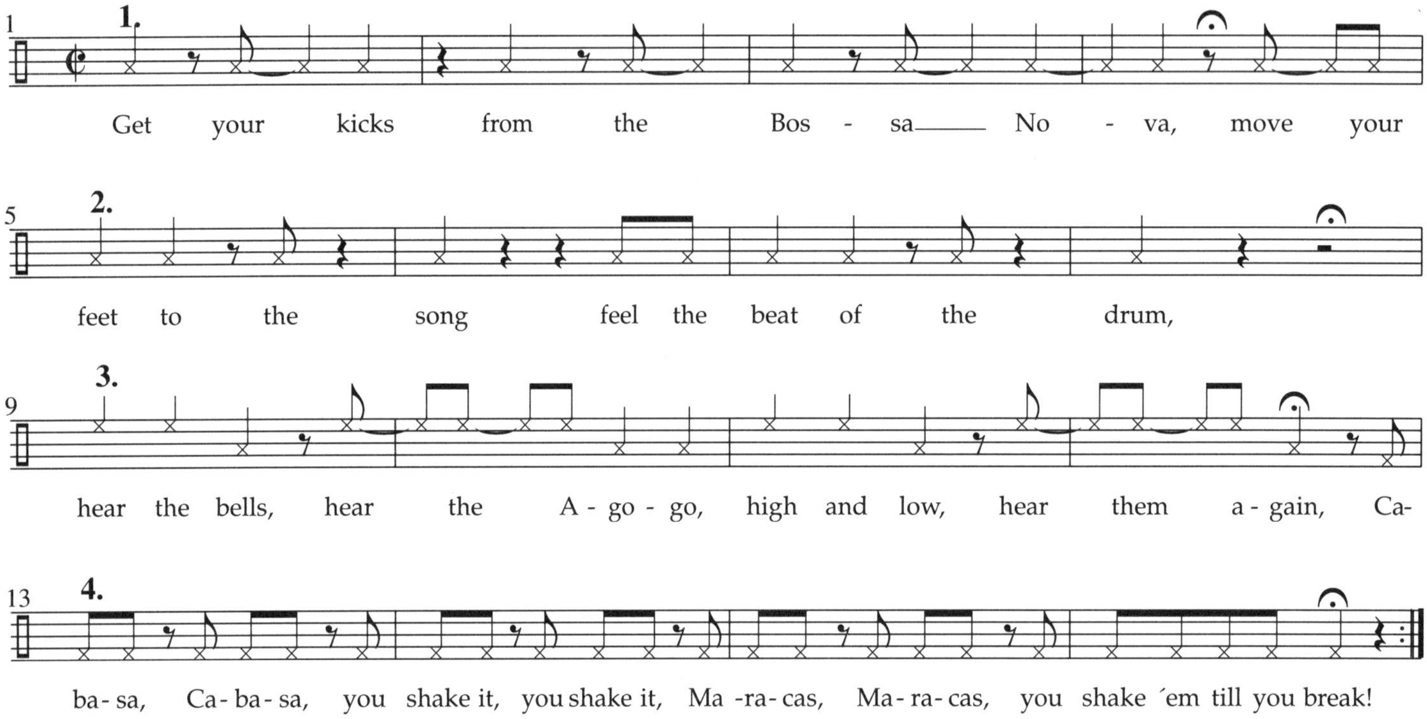

(Beide Kanons unmittelbar nacheinander singen)

Haiku

27

mit Ruhe ♩= 66 ~ 89

Text & Musik: Werner Rizzi

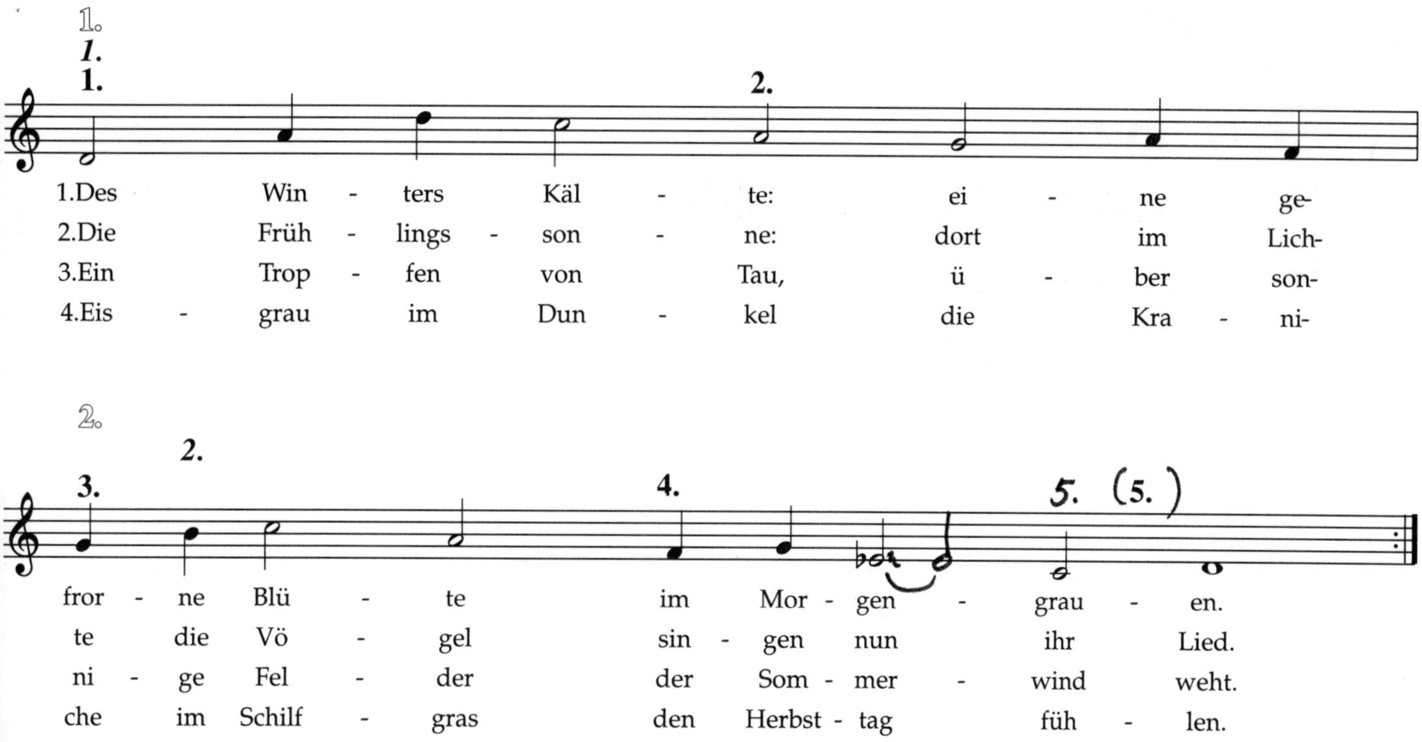

Haiku ist eine dreizeilige japanische Gedichtform mit siebzehn Silben. Die vier Gedichte können im Kanon beliebig kombiniert werden. Es kann auch im Kanon mit nur einem Gedicht gesungen werden. Der Kanon soll auslaufen, sodaß jedes begonnene Gedicht bis zum Ende erklingt. Singe mit innerer Ruhe auf lange Atembögen. Drei Möglichkeiten im Kanon zu singen sind angegeben. Fünfstimmig erinnern die Klänge an das japanische Blasinstrument "Sho", mit dem mehrtönige Skalencluster gespielt werden.